Sowjet **P**hotographie
1919–1939

Von Allan für Mark

Herausgeber und Gestalter: Allan Porter, Luzern

Übersetzung: Dieter W. Portmann

Umschlagbild: Alexandr Michailowitsch Rodtschenko: Ossip M. Brik, 1924.
                 Ossip M. Brik (1888–1945), Schriftsteller, Kritiker und
                 Literaturwissenschaftler, ein führender Vertreter des
                 sowjetischen Futurismus und Gründungsmitglied der
                 formalistischen Vereinigung «Opojas»; Mitbegründer
                 der Gruppe «LEF» («Linke Front der Künste») und
                 Redaktor der Zeitschrift gleichen Namens.

© U. Bär Verlag, Zürich, 1986
Satz: Satz-Studio C AG, Glattbrugg
Photolithos, Druck, Einband:
Chemigraphisches Institut AG, Glattbrugg
Printed in Switzerland

ISBN 3-905137-05-4

Sowjet Photographie
1919–1939

photothek
4

U. Bär Verlag

SOWJETISCHE PHOTOGRAPHIE 1919–1939

Nach den grossen Veränderungen um die Jahrhundert-
wende waren Salonkunst, Art nouveau (Jugendstil) und Art deco
die neuen Stilrichtungen. Die Atmosphäre der Revolution, die sich
von St. Petersburg aus ausbreitete, bewirkte nicht nur in der
Sowjetunion, sondern auch im übrigen Europa, dass die Künste
nach einem «Neuen Sehen» strebten.
Vor 1913 waren die Russen mit der kulturellen Avantgarde in
Frankreich sehr gut vertraut, denn die beiden Handelsfürsten Sergei Schtschukin und Iwan Morosow waren leidenschaftliche
Kunstsammler, die sehr viele und hervorragende Werke von
Picasso, Cézanne, Manet und Gauguin besassen. Anhand dieser
Sammlungen konnten interessierte russische Künstler die neuen
Tendenzen verfolgen und sich über die neuen Bewegungen orien-
tieren, die sich in Europa durchzusetzen begannen. Viele russi-
sche Künstler hielten sich damals zudem in Paris auf, und Leute
wie Natan Altman, Marc Chagall, Wladimir Tatlin, El Lissitzky,
Ljubow Popowa, Naum Gabo und dessen Bruder Antoine Pevsner
sorgten für Kontakt mit den zuhause gebliebenen Künstlern. Dies
war die Künstlergeneration, welche schliesslich die nachrevolutio-
nären Künstler und Photographen beeinflussen sollte.
Es war der Maler Kasimir Malewitsch, der zusammen mit anderen
Konstruktivisten den Begriff «Suprematismus» prägte. Die neue

Kunst der Oktoberrevolution verlangte nach Dynamik, und ihre Vertreter waren der Dichter Wladimir Majakowski, die Maler, Bildhauer, Graphiker und Photographen Wladimir Tatlin, Alexandr Rodtschenko, El Lissitzky und Iwan Puni sowie die Filmregisseure Sergei Eisenstein und Dsiga Wertow. Photographie und Film waren die neuen Medien des Jahrhunderts, und diese beiden Künste sollten die neuen Ideen Lenins und sein Manifest dokumentieren. An der Kunstschule in Witebsk, die Marc Chagall gegründet hatte, unterrichteten auch Kasimir Malewitsch und El Lissitzky. Die Höheren Staatlichen Künstlerisch-Technischen Werkstätten (WChUTEMAS) in Moskau waren von Anatoli Lunatscharski als sowjetisches Pendant zum Bauhaus gegründet worden; sie galten als moderne und fortschrittliche Institution, die der Ideologie des Konstruktivismus huldigte.

«Konstruktivisten Majakowski-Rodtschenko» lautete die gemeinsame Signatur des Malers, Bildhauers, Graphikers und Photographen Alexandr Rodtschenko und des Nationaldichters der russischen Moderne Wladimir Majakowski. Zwischen den beiden Künstlern entwickelte sich eine sehr enge Zusammenarbeit, basierend auf Rodtschenkos Gedanken, die Photographie sei Sofort-Sozialismus, billig, echt und schnell, reproduzierbar und sehr einfach unter das weitgehend ungebildete Volk zu bringen. Rodtschenko prophezeite, die Photographie würde die wahren Dokumente der Zukunft liefern:

«Sag mir ehrlich, was sollte einst von Lenin bleiben:
eine Bronzestatue,
Ölgemälde,
Kupferstiche,
Aquarelle,
das Tagebuch seines Sekretärs, die Erinnerungen seiner Freunde
ODER
ein Album mit Photographien, die ihn bei der Arbeit und in seiner Freizeit zeigen, Archive mit seinen Büchern, Schreibblöcke, Notizkalender, stenographierte Berichte, Filme, Photodokumente?
Ich glaube, es gibt keine Wahl. Die Kunst hat im modernen Leben keinen Platz... Jeder kultivierte moderne Mensch muss Kunst genau so bekämpfen wie Meinung. Photographiere und lass dich photographieren!»

Allan Porter

REVOLUTION UND PHOTOGRAPHIE IN DER SOWJETUNION

VON DANIELA MRAZKOVA UND VLADIMIR REMES

Die Februar- und die Oktoberrevolution im Jahr 1917, dann der Interventionskrieg der westlichen Alliierten und der Bürgerkrieg drängten die Photographie in der Sowjetunion unversehens in eine vollkommen neue Rolle. Ihre zuvor sehr ruhige Weiterentwicklung wurde unterbrochen, die Kontinuität gestört. Während sich die übrige Welt noch durch die Schönheit von Bromöl-, Gummi- und Ölfarbendrucken und anderen «Maltechniken» hinreissen liess, wollte die sowjetische Photographie die Malerei nicht mehr länger imitieren oder ergänzen; ja, sie wollte nicht einmal mehr als Kunst bezeichnet werden. Sie befreite sich von einem Augenblick zum andern von allen Einflüssen, die sie von ihren spezifischen Aufgaben ablenkten, und fand in jener aufgewühlten Zeit der sozialen Veränderungen rasch ihre ureigene Sprache: sie wandelte sich zu einem Medium der Information und auch der Propaganda. Diese Verwandlung war aber nicht ein Zufall, sondern eine Folge der dringenden Bedürfnisse jener Zeit. Was konnte denn die vollkommen ungebildeten Volksmassen besser über die Vorgänge im Land informieren als ein klares, wirkliches und vor allen Dingen authentisches Bild? Wie sonst hätte man auf ihre Gedanken und Gefühle einwirken können? Und so schlug die Photographie in der Sowjetunion im Jahr 1917 jenen Weg ein, der ihre wichtigste Aufgabe für alle Zeiten vorbestimmte.

«Die Revolution für die Künste – die Künste für die Revolution!»
So lautete die Parole jener Zeit. Und unter diesem Slogan reichten
sich die avantgardistischen Künstler aller Richtungen die Hand,
davon überzeugt, dass die revolutionären Veränderungen, die sich
in der Gesellschaft abspielten, auch in den Künsten umgesetzt
werden müssten.

Das Experimentieren setzte ein, in der Poesie und in der Malerei,
im Film und in der Architektur genauso wie in der Photographie.
Wladimir Majakowski unterstützte die neue Lebensart mit seinen
kämpferischen, futuristischen Versen und griff die alte und neue
Bourgeoisie heftig an. Der Suprematist Kasimir Malewitsch setzte
die elementare Reduktion auf die Grundelemente eines Kunst-
werks durch und schuf damit die Grundlagen für seine Ungegen-
ständlichkeit: der Gedanke ist der ausdrucksvollste Zug moderner
Kunst. Wladimir Tatlin betonte, Utilität sei der wichtigste Wert der
Kunst. Sergei Eisenstein entdeckte die Möglichkeiten der emotio-
nalen Filmmontage. Dsiga Wertow brachte mehr Dynamik in die
Sprache des Dokumentarfilms. Alexandr Rodtschenko und El Lissitzky erreichten eine neue photographische Ausdruckskraft. Sie
alle, jeder auf seine Art und dennoch einer Meinung, brachen mit
tiefverwurzelten Grundsätzen. Sie stellten die ästhetischen Nor-
men auf den Kopf und sahen in ihren Bestrebungen, «die neue
Zeit auf neue Weise wiederzugeben», einen nicht wegzudenken-
den Bestandteil der Revolution.

Trotzdem wurden sie gewarnt: «Die Volksmassen werden euch
nicht verstehen!» Doch Wladimir Majakowski entgegnete aus tie-
fer Überzeugung: «Wahre Poesie muss dem Leben immer um
wenigstens eine Stunde voraus sein!» Er wurde gleichzeitig ge-
lobt und verfolgt, nachgeahmt und angefochten, anerkannt und
verurteilt. Und genauso erging es seinem engen Freund und Mitarbeiter Alexandr Rodtschenko, der sich ebenfalls rechtfertigen
musste: «Es ist unsere Pflicht, zu experimentieren... Darin, dass
wir anstelle von Generälen jetzt Arbeiter und Führer photographieren, liegt nichts Revolutionäres... Wir müssen suchen; wir suchen
eine neue Aesthetik, Enthusiasmus und Pathos für den photogra-
phischen Ausdruck unserer neuen sozialistischen Realität, und
wir werden finden.»

Das Jahr 1917 riss mit seinem Strudel dramatischer Ereignisse all
jene Photographen mit, die geblieben waren und die nicht schwie-

gen. Es waren Porträtphotographen, Landschafts- und Armee-
photographen, nebenberufliche und professionelle Bildjournali-
sten. Lenin sagte damals: «Geschichte lässt sich gut durch die
Linse schreiben. Sie ist klar und verständlich. Kein Maler kann auf
die Leinwand bannen, was eine Kamera sieht.» In der Kunst sah
Lenin in erster Linie die Möglichkeit, die Volksmassen ideologisch
zu schulen. Er mass jenen Kunstgattungen die grösste Bedeutung
zu, die den Zielen der politischen Agitation und Propaganda klar,
konkret, überzeugend und rasch dienen konnten. Es war deshalb
kein Zufall, dass er Anatoli Lunatscharski, seinem Volkskommis-
sar für das Bildungswesen, in einer Diskussion kurz nach der Revolution riet, nicht nur dem Film besondere Aufmerksamkeit zu
widmen, sondern auch der Photographie, die das Volk regelmäs-
sig über die aktuellen Geschehnisse informieren sollte. Und dabei
dachte er nicht nur an ein Festhalten von Tatsachen durch das Medium der Photographie, sondern an Aufnahmen im Sinne von
«Bildjournalismus». So ahnte der Führer der Revolution selbst die
spätere Entwicklung der Pressephotographie, des Bildjournalismus, zu einem eigenen, visuellen Medium der Berichterstattung
voraus, dem er eindeutig bildende und propagandistische Zwecke
zuschrieb.
Es gab damals längst nicht so viele Photographen, wie der junge
sowjetische Staat gebraucht hätte. Deshalb wurde im Dezember
1917 innerhalb des Kommissariats für Volksaufklärung in Petrograd eine spezielle Abteilung gegründet, an der Photographie un-
terrichtet wurde. Ein Jahr später erfolgte an der Universität die
Gründung eines Instituts für Photographie, in dem alle Richtungen
der Photographie gelehrt wurden. Das Interesse des Volkes an
der Photographie nahm stark zu. Aus Arbeiter- und Bauernkreisen
gingen die ersten «Photographen-Korrespondenten» hervor, deren Zahl mit der Zeit auf 100 000 anwuchs. Im Jahre 1918 richtete
die Regierung in Moskau und Petrograd eigene Abteilungen für
Photojournalismus ein, welche die politischen Ereignisse jener
Zeit im Bild festhalten sollten. In weniger als drei Jahren hatten sie
ein Archiv mit 15 000 Negativen angelegt. Am 27. August 1919
unterzeichnete Lenin ein Dekret, welches die Produktion und den
Handel mit Photo- und Filmmaterial dem Kommissariat für Volksaufklärung unterstellte. Dieser Tag gilt als offizieller Anfang der
sowjetischen Photographie.

Die ersten Jahre waren nicht einfach. Es gab weder Zeitungen noch illustrierte Zeitschriften, und so etwas wie Bildnachrichten existierte praktisch ebenfalls nicht. Das kam in einem derart gespaltenen Land mit so gewaltigen wirtschaftlichen Problemen überhaupt nicht in Frage. Und dennoch breitete sich die Photographie aus, informierte und propagierte. Genau wie das Plakat, die Graphik und die «Okna ROSTA» (Schaufenster der russischen Telegraphenagentur ROSTA mit Comic strips in Plakatgrösse), gelangte sie in Form von einzelnen Schnappschüssen oder als integrierter Bestandteil von Photomontagen auf die Srasse. Die ersten illustrierten Wandzeitungen tauchten auf.

Die Geschichte beweist, dass sie recht hatten. Nicht nur Rodtschenko und seine zahlreichen Anhänger, nein, auch seine Gegner, die durch die ungewöhnlichen Perspektiven aufgerüttelt waren, liessen davon ab, ihre Aufnahmen immer vom gleichen Blickpunkt, «vom Nabel» aus, zu schiessen. Sie begannen, ihre Kameras zu bewegen, um die Dynamik diagonaler Kompositionen einzufangen, die Realität in starker Unter- oder Aufsicht wiederzugeben und dadurch zu monumentalisieren oder intensiver zu strukturieren; sie entdeckten und benützten den Optimismus grosser Nahaufnahmen. Es war einfach nicht mehr möglich, die alten Ausdrucksmittel anzuwenden. Das einfache Volk, das ja nur eine beschreibende, äusserliche Berichterstattung kannte, verstand das «Neue Sehen» vorerst nicht. Doch nun waren es in erster Linie die Bildreportagen, die knapp, aussagekräftig, rasch und überzeugend informierten, das im allgemeinen ungebildete Volk mit politischer Propaganda berieselten. Es war nicht von ungefähr, dass Lenin in der Photographie und im Film die wirkungsvollsten Medien zur ideologischen Erziehung der Massen sah. Unter dem Eindruck der Diskussionen um den Formalismus der späten 20er und der 30er Jahre stellen wir heute zu unserer nicht geringen Überraschung fest, dass sich damals schliesslich alle auf den Weg zu diesem «Neuen Sehen der Realität» begeben hatten. Selbst die hartnäckigsten Gegner und Kritiker Rodtschenkos beschritten ihn. Und so besitzt die frühe sowjetische Photographie ihre so besondere Eigenart. Die Oktoberrevolution verlieh ihr eine klare Aufgabe: informieren, erziehen, agitieren. Sie wurde zu einem Werkzeug staatlich gelenkter Agitation und Propaganda. Aber obgleich sie durch diese soziale Funktion streng eingeschränkt war, schwang sie sich zu unerreichten Höhen des schöpferischen und experimentellen Ausdrucks empor. Sie wurde zum ideologischen Motor der Zeit und ihrer – künstlerischen sowie sozialen – Bestrebungen. Sie überwand die Engstirnigkeit, die kulturelle Rückständigkeit und den mangelnden Mut des «Bürgertums aller Klassen und Staaten» – wie Majakowski es ausdrückte –, das selbst unter den neuen Umständen so weiterleben wollte wie die Generationen zuvor. Wie in einem Spiegel reflektiert die Photographie alles – Hoffnung und Enttäuschung; die beharrliche Suche nach einem neuen, höheren Sinn des Lebens, und die Ermüdung durch die ununterbrochenen, raschen Veränderungen; ein Hochgefühl im Hinblick auf die Revolution, und die Naivität und Romantik der Pionierzeit; begeisterte Entschlossenheit und bittere Ernüchterung. All dies geschah in der kontroversen Einigkeit über die damaligen Umwälzungen, welche jeden Betroffenen vollkommen unabhängig von seinem Charakter beeinflussten.

Der experimentelle Trend in der Photographie bildete einen integralen Bestandteil der sowjetischen Avantgarde. Es war aber gleichzeitig auch dieser Trend, der – ähnlich wie am Bauhaus und an anderen europäischen Zentren der damaligen Zeit – die an der Schwelle zur wissenschaftlich-technischen Revolution stehende Menschheit zu einer totalen Metamorphose in ihrer Lebensart drängte und versuchte, ein für alle Male mit dem Menschen der Vergangenheit, dem Menschen des rückständigen 19. Jahrhunderts abzurechnen. Die von den Veränderungen der Revolution erfüllten sowjetischen Konstruktivisten ersetzten künstlerisches Wirken durch «intellektuelle Produktion», genauso wie dies im Westen die Funktionalisten taten; für beide verschmolz Kunst mit «konstruktivem Schaffen». In ihren Augen wurde der Künstler zum Techniker, der mit den Werkzeugen und Materialien der modernen Produktion umgehen konnte. Und zwar nicht, um die alte Welt aufzulösen, sondern um eine neue Welt zu schaffen. Für sie war die Kunst nicht mehr Verzierung und Ausschmückung der Welt, sondern organischer Bestandteil des Lebens.

Deshalb war es keine Überraschung, dass die sowjetische Photographie an der Film- und Photoausstellung in Stuttgart im Jahre 1929, an der sich erstmals die Avantgardisten aus Ost und West die Hand reichten, in einem Licht ungeahnter Klarheit und provokativer Schönheit erschien.

RODTSCHENKO, ALEXANDR MICHAILOWITSCH
(1891–1956)

Er war wohl der ausdrucksvollste Vertreter des experimentellen, schöpferischen Trends in der sowjetischen Photographie der 20er und 30er Jahre. Er studierte Malerei an den Kunstschulen in Kasan und Moskau und war später Leiter der Abteilung Metall an den Höheren Staatlichen Künstlerisch-Technischen Werkstätten (WChUTEMAS). Als Anhänger der russischen Konstruktivisten interessierte er sich auch für Pionierarbeit auf anderen Gebieten, für Typographie, Buchillustrationen, Plakatkunst, Theater und Film. Als engster Mitarbeiter und Freund von Wladimir Majakowski war er einer der Gründer der avantgardistischen Zeitschriften «LEF» und «Nowi LEF», die für die revolutionäre Veränderung der künstlerischen Ausdrucksformen von grösster Bedeutung waren. Rodtschenko begann, Photographien für Buchillustrationen, Montagen und Plakate zu verwenden; 1924 griff er dann selber zur Kamera. Getreu dem Slogan «Neue Zeiten erfordern neue Künstler» suchte er nach ungewöhnlichen Blickwinkeln. Er bevorzugte schräge Bildhorizonte, starke Auf- und Untersichten und extreme Perspektiven. Seine Kritiker warfen ihm Formalismus, einen dem Proletariat fremden Werbestil und Aesthetizismus vor. Wegen seines Formalismus wurde er denn auch aus der Gruppe «Oktjabr» ausgeschlossen. Mit dem Gefühl, man habe ihm Unrecht getan, wandte er sich 1931 den Bauwerken des ersten Fünfjahresplanes zu. Er kehrte sich vom Formalismus ab und entwickelte einen modernen, wirksamen Stil der Photoreportage, die seine Ansicht, «neue Realitäten müssen neu gesehen werden», deutlich zum Ausdruck brachte. Bis zu seinem Tod geriet Rodtschenko beinahe in Vergessenheit, aber seit den 60er Jahren ist das Interesse für ihn weltweit neu erwacht und sein Werk wird auch in seinem Heimatland wieder gewürdigt und geschätzt.

Alexandr Michailowitsch Rodtschenko: Photomontage, 1923, Umschlagbild zu Wladimir Majakowskis Poem «Pro eto», («Darüber», dtsch. 1952).

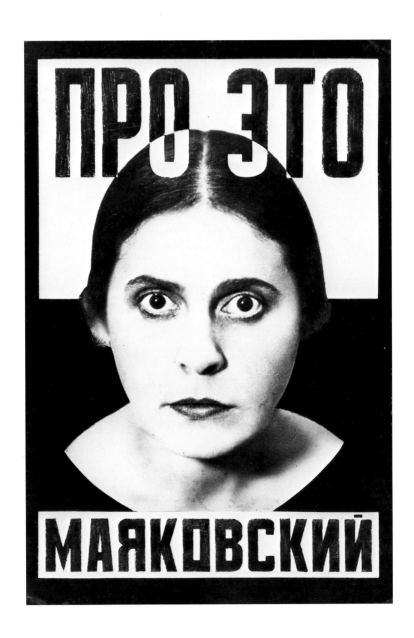

Alexandr Michailowitsch Rodtschenko: Photomontage zum Poem «Pro eto», 1923.

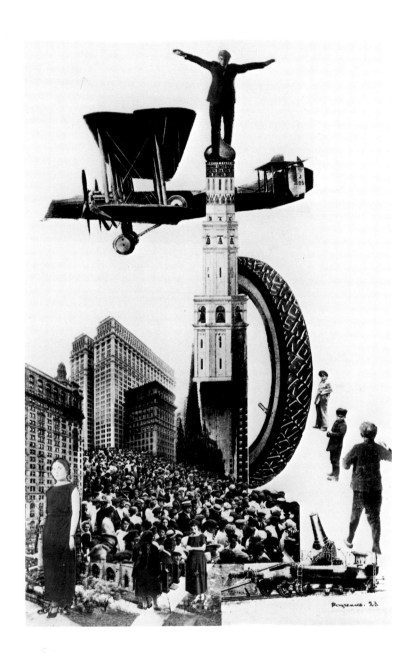

Alexandr Michailowitsch Rodtschenko: Pionier, 1930.

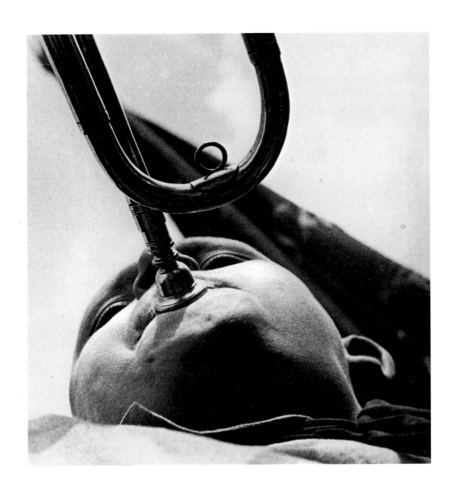

Alexandr Michailowitsch Rodtschenko: Ballon, 1924.

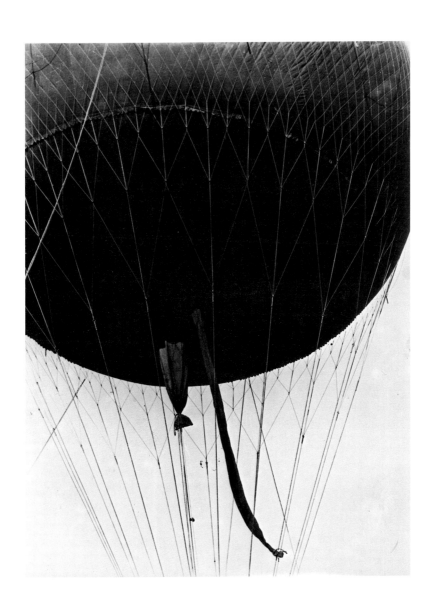

Alexandr Michailowitsch Rodtschenko: Das Lächeln, 1930.

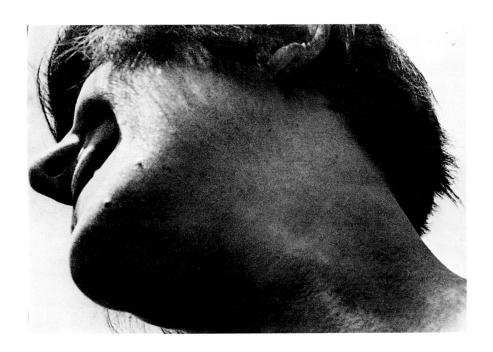

Alexandr Michailowitsch Rodtschenko: Das neue Städtische Elektrizitätswerk Moskau, 1930.

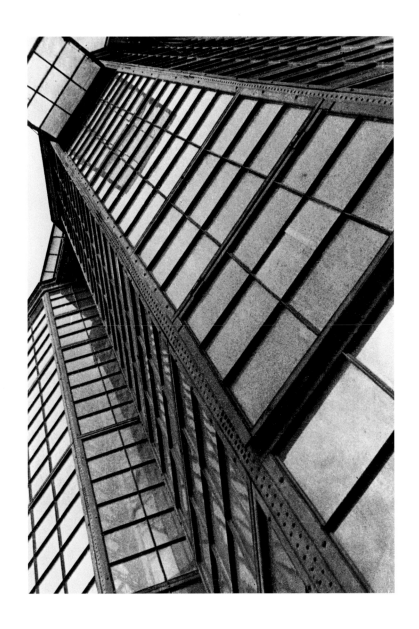

ROSCHKOW, JURI

Über ihn ist bis heute nur sehr wenig bekannt. Vermutlich absolvierte er sein Studium an den WChUTEMAS in Moskau. Seine Lehrer an dieser Schule waren Avantgardisten wie El Lissitzky und Alexandr Rodtschenko. Mit Sicherheit ist einzig bekannt, dass Roschkow 17 einzigartige Photocollagen schuf, Illustrationen zu Majakowskis avantgardistischem Poem «Den Arbeitern von Kursk, die das erste Eisenerz abbauten – ein einstweiliges Denkmal von Wladimir Majakowski», die er dem Dichter schenkte. Diese Photocollagen zeichnen sich dadurch aus, dass sie nicht nur mit einem Slogan arbeiten, sondern die typographisch aufgelösten Fragmente des Poems mit den Fragmenten der photographierten Realiät organisch verbinden. Alle Aufnahmen waren vorher schon in Zeitschriften verwendet worden. Die farblich akzentuierten Flächen vereinheitlichen die Ganzheit des Bildes. Es ist ein einzigartiger Ausdruck visueller Poesie, in einfachen, beinahe dadaistischen Formen. Der Dichter selbst sagte unmittelbar vor seinem Tod im Jahr 1930 über diese Photocollagen: «Sie warten nur darauf, veröffentlicht zu werden.» Und somit gehören sie zu Majakowskis Erbe. Sie wurden zusammen mit dem Poem 1982 in Prag erstmals veröffentlicht.

Juri Roschkow: Photocollage zu Wladimir Majakowskis Poem «Den Arbeitern von Kursk, die das erste Eisenerz abbauten – ein einstweiliges Denkmal von Wladimir Majakowski», 1924.

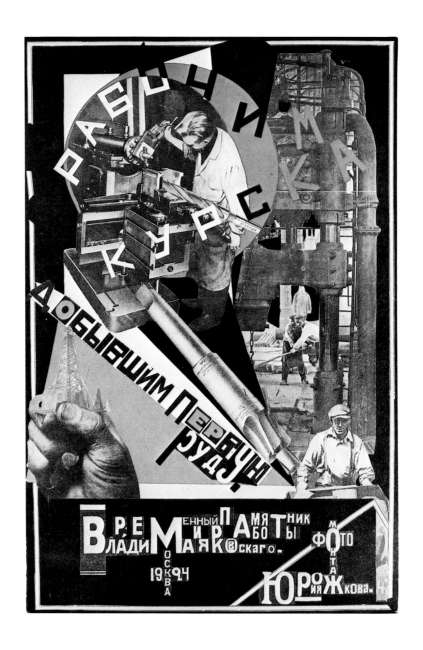

Juri Roschkow: Photocollage zu Wladimir Majakowskis Poem
«Den Arbeitern von Kursk, die das erste Eisenerz abbauten – ein
einstweiliges Denkmal von Wladimir Majakowski», 1924.

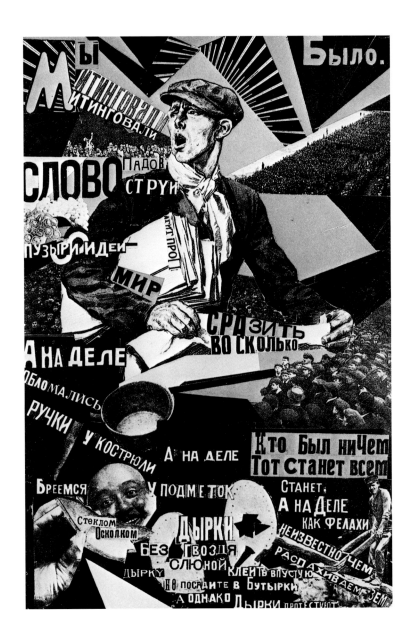

29

LISSITZKY, EL (JELIJESER MARKOWITSCH)
(1890–1941)

Er war ein glänzender Vertreter der sowjetischen Avantgarde und beeinflusste zwischen den beiden Weltkriegen
die gesamte Welt der Kunst – die Architektur und die Typographie ebenso wie die Photographie und die Gestaltung
von Ausstellungen. Von Haus aus war er Architekt; er hatte
an der Technischen Hochschule in Darmstadt studiert. Da-
neben illustrierte er Bücher, und nach der Oktoberrevolution
widmete er sich auch verschiedenen Sparten der Propagan-
dakunst. Im Jahr 1919 nahm er dann Marc Chagalls Angebot
an und wurde Professor an der Kunstschule in Witebsk, wo
auch Kasimir Malewitsch lehrte. Malewitschs Manifest, das
ein neues, schöpferisches, vom Joch der Gegenständlich-
keit befreites Kunstkonzept forderte, beeindruckte ihn tief.
Daraufhin entstanden seine «Prouns» («Projekte für die Be-
stätigung des Neuen»), räumlich-geometrische Gebilde
zwischen Malerei und Architektur. Auf die Photographie
stiess er eigentlich erst im Zusammenhang mit der Typographie. Im Jahr 1923 begann er für die Werbeabteilung der
Schweizer Firma Pelikan Photomontagen herzustellen;
diese Arbeit ermöglichte ihm einen längeren Kuraufenthalt
in einem Sanatorium in der Schweiz. Später photographierte er auch für Ausstellungen, und er war der erste, der
ganze Wände mit Photomontagen verkleidete. Im Jahr
1928 gestaltete er den sowjetischen Pavillon auf der Inter-
nationalen Presseausstellung in Köln. 1929 war er zusammen mit seiner Frau für die Sowjetische Abteilung an der
historischen Film- und Photoausstellung in Stuttgart verant-
wortlich.

*El Lissitzky: Photoposter für die Russische Ausstellung
in Zürich, 1929.*

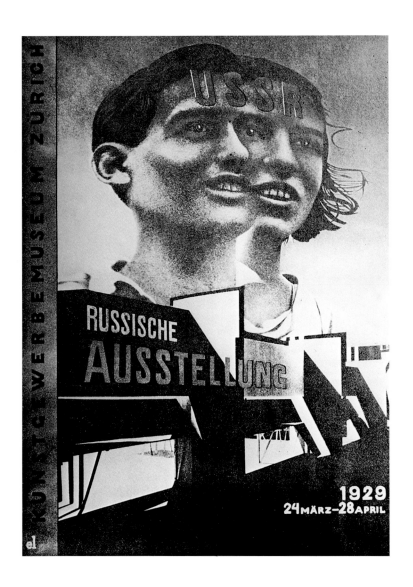

31

El Lissitzky: Photogramm, 1930.

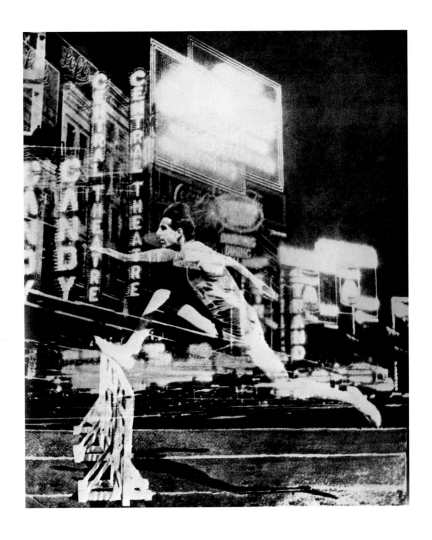

El Lissitzky: Konstruktivistisches Selbstporträt, 1924.

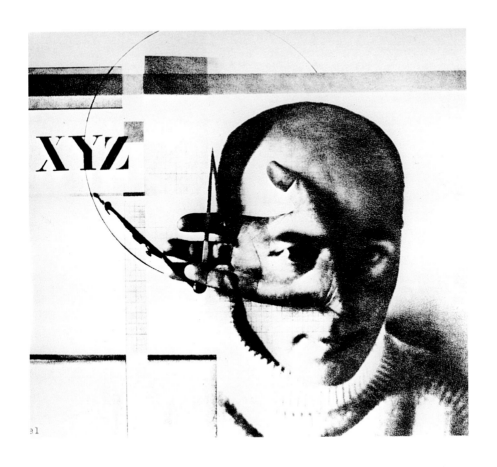

PETRUSSOW, GEORGI GRIGORJEWITSCH (1903–1971)

Er wurde in Rostow am Don, der Kosakenstadt in der Ukraine, geboren. Zunächst war er nur Photoamateur, gab dann aber im Jahr 1924 seine Stelle als Buchhalter auf, um als Photograph für verschiedene Gewerkschaftszeitschriften, später auch für die «Prawda» zu arbeiten, und schliesslich wurde er Abteilungsleiter für Information im Hüttenwerk Magnitogorsk. Sein handwerkliches Rüstzeug erwarb er sich aber eigentlich erst durch seine Arbeit mit den Photographen der Zeitschrift «SSSR na stroike». Sein Hauptthema war damals der Beginn der landwirtschaftlichen Kooperativen, das Leben und die Arbeit in den Kolchosen.

Georgi Grigorjewitsch Petrussow: Staudamm des Dnjepr-Wasserkraftwerks (Dnjeproges), 1934.

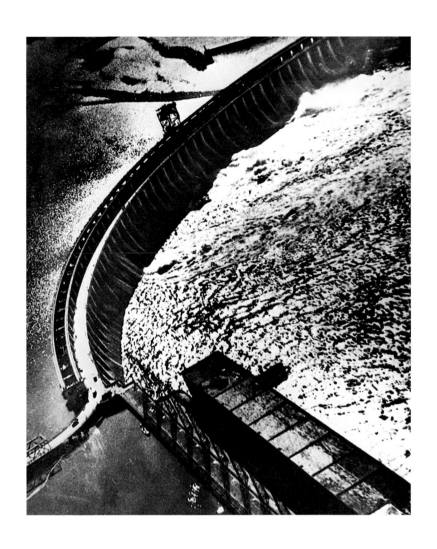

Georgi Grigorjewitsch Petrussow: Das Hüttenwerk
Magnitogorsk im Bau, 1929.

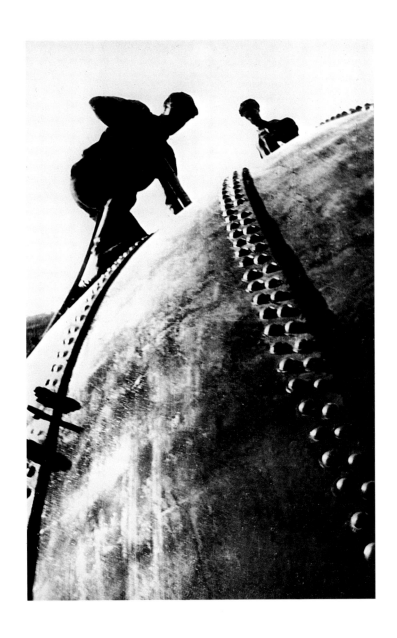

SCHTERENBERG, ABRAM PETROWITSCH (1894–1978)

Obwohl er sein ganzes Leben lang in drei Sparten arbeitete – Porträts, Stilleben und Landschaften –, verhalfen ihm seine Porträts zu Ruhm und Ansehen. Porträts faszinierten ihn von allem Anfang an bis zu seinem Tod, egal ob er Aufnahmen von seinen Kunden machte oder für den Photodienst der Roten Armee arbeitete, in den er nach der Oktoberrevolution eintrat. Einzig während der Zeit des strengsten Schematismus, in der zweiten Hälfte der 30er Jahre, in der Porträts – ebenso wie Landschaften und Stilleben – als «sinnloses Zeug» abgetan wurden, gab er seine Leidenschaft vorübergehend auf. Genau wie seine Freunde aus der Gruppe «Oktjabr» – Alexandr Rodtschenko, Eleazar Langman und Boris Ignatowitsch – war auch Schterenberg Photojournalist geworden, weil dies als einziger Weg galt, die «Grösse der Zeit» zum Ausdruck zu bringen, und er versuchte, die sozialen, politischen und wirtschaftlichen Veränderungen in seinem Land darzustellen. Er porträtierte viele bedeutende Persönlichkeiten, aber auch gänzlich Unbekannte, und er sah in jeder Aufnahme ein Original zum Zwecke der Ausstellung, nicht zum Zwecke der Reproduktion. Sein Werk ist deshalb nicht nur von sehr hohem kulturellem Niveau, sondern auch von technischer Vollendung.

Abram Petrowitsch Schterenberg: Der Maler Juri Jeremin, 1935.

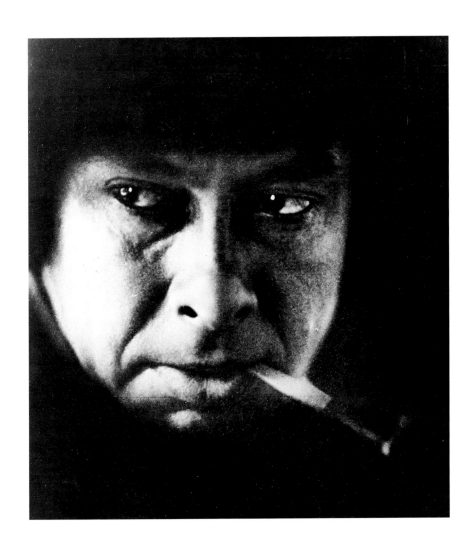

Abram Petrowitsch Schterenberg: Wladimir Majakowski, 1929.

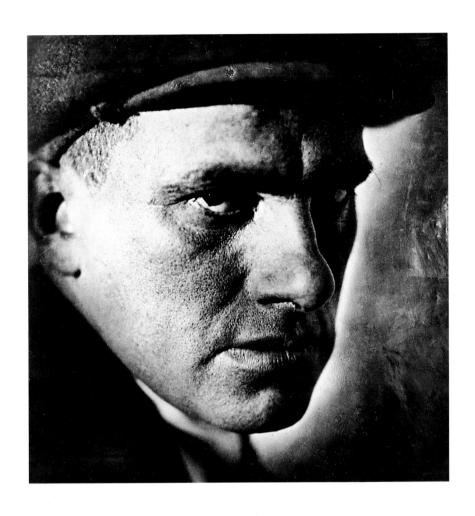

NAPPELBAUM, MOISEI SALOMONOWITSCH
(1869–1958)

Man nannte ihn einen «Asketen» der Photographie. Ob-
schon er die vielfältigen technischen Möglichkeiten der
Photographie kannte, wandte er sie nur sehr sparsam an. Er
arbeitete am liebsten mit nur einer Lampe, und dies verlieh
seinen Porträts ihren besonderen Reiz. Nach seiner Lehre
im italienischen Photostudio «Boretti» in Minsk zog er in die
Welt hinaus, nach Smolensk und Moskau, Odessa und War-
schau und dann in die USA – nach New York, Philadelphia
und Pittsburgh. 1895 kehrte er nach Minsk zurück und eröff-
nete dort ein Porträtatelier. Später ging er nach St. Petersburg und begann für die Presse zu arbeiten, und zwar für
eine der besten illustrierten Zeitschriften jener Tage, für
«Solzne Rossii» («Die Sonne Russlands»). Sein Ruf als Por-
trätphotograph war unbestritten, und so durfte er im Januar
1918 die erste offizielle Aufnahme von Lenin machen. In jenen Jahren porträtierte er auch viele andere Persönlichkeiten der jungen Sowjetunion – Politiker, Künstler, Wissen-
schaftler – und schuf so eine Porträtgalerie, die in Vielfalt
und Bedeutung in der sowjetischen Photographie wohl
nicht ihresgleichen hat. In seinem Todesjahr erschien sein
autobiographisches Buch «Vom Gewerbe zur Kunst».

Moisei Salomonowitsch Nappelbaum: Maxim Gorki, 1933.

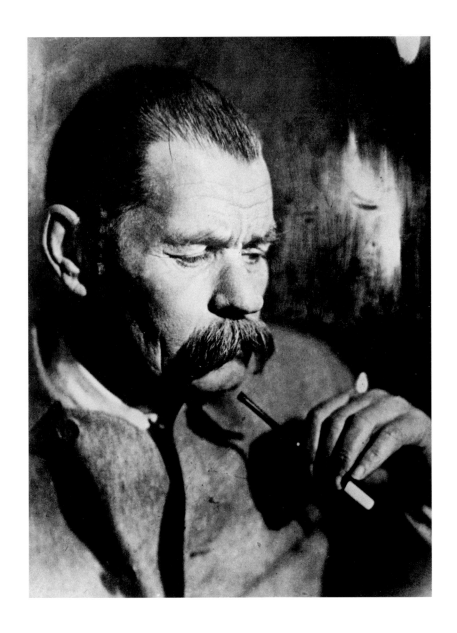

Moisei Salomonowitsch Nappelbaum: Die Dichterin
Anna Achmatowa, 1924.

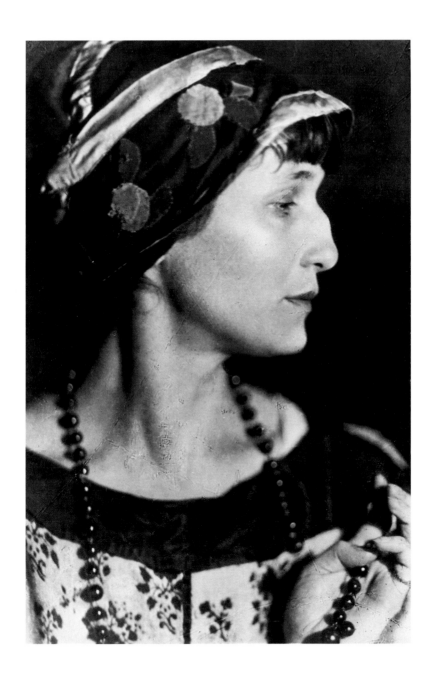

*Moisei Salomonowitsch Nappelbaum: Der Dichter
Boris Pasternak, 1930.*

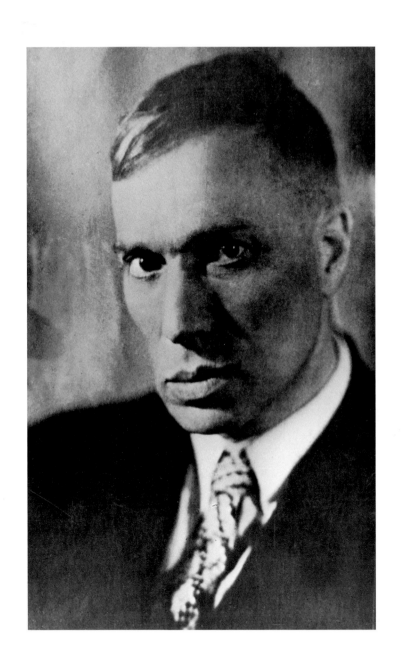

*Moisei Salomonowitsch Nappelbaum: Die Primaballerina
Galina Ulanowa, 1935.*

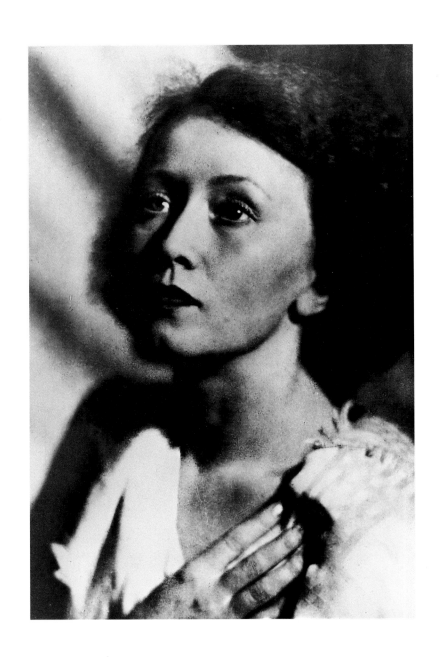

SCHAICHET, ARKADI SAMOILOWITSCH (1898–1959)

Er arbeitete zuerst als Schlosser auf einer Werft, dann als Retuscheur bei einem Porträtphotographen in Moskau, erntete aber schon wenige Jahre danach selbst Lorbeeren als Photograph an einer Ausstellung in Moskau, später auch in London. 1924 erschienen seine Aufnahmen in «Ogonjok», und von da an erzählte er in Bildgeschichten von den Veränderungen, die sein Land erlebte. Er photographierte obdachlose Kinder, die nach Jahren des Bürgerkrieges wild und hungrig durch die Strassen zogen; Männer, die mit geschnürtem Bündel auf dem Rücken vom Land in die Stadt strömten, um in den Industriezentren Arbeit zu suchen; Bauern, die geduldig vor dem Empfangszimmer von Staatsoberhaupt Michail Kalinin warteten, um mit ihm über ihre Probleme sprechen zu können; die erste Kolonne sowjetischer Autos auf dem Weg vom Werk in Nischni Nowgorod (heute: Gorki) nach Moskau. Schaichet achtete stets mit äusserster Sorgfalt darauf, dass seine Bilder die Wahrheit sprachen, und so sind seine frühen Aufnahmen einzigartige Dokumente von der revolutionären, noch nicht durch den späteren Schematismus behinderten Romantik jener Jahre. Neben «Ogonjok» photographierte er auch für die Zeitschriften «Proletarskoje Foto», «SSSR na stroike» und «Naschi Dostischenja» («Unsere Errungenschaften»).

Arkadi Samoilowitsch Schaichet: Zur Arbeit nach Moskau. Nach dem Bürgerkrieg, im Jahr 1926, strömten Menschen aus allen Regionen vom Land in die Städte, vor allem natürlich nach Moskau, um Arbeit in den Industriewerken zu suchen.

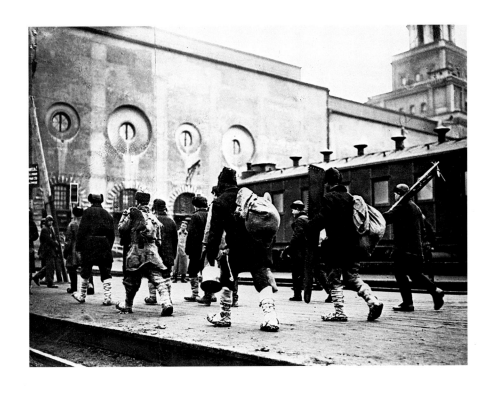

Arkadi Samoilowitsch Schaichet: Die ersten Autos aus dem Werk in Nischni Nowgorod (Gorki) auf dem Weg nach Moskau, 1929.

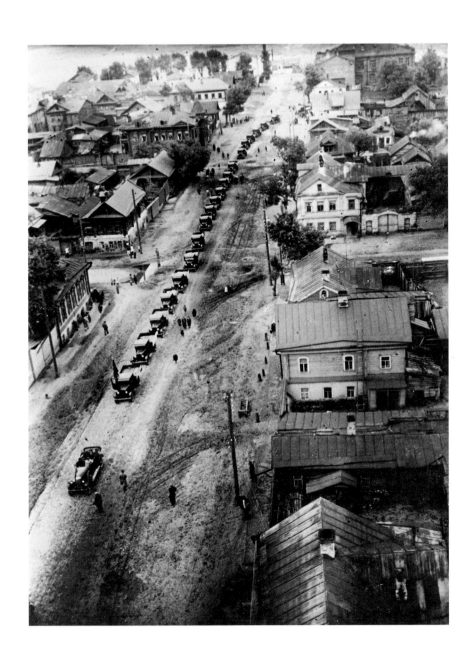

Arkadi Samoilowitsch Schaichet: Ein Mitglied der staatlichen Jugendorganisation «Komsomol» am Steuer, Walachei, 1931.

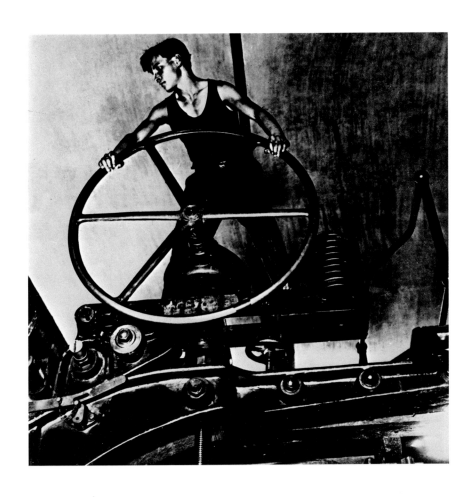

Arkadi Samoilowitsch Schaichet, Max Wladimirowitsch Alpert
und S. Tules: Aus der Bildreportage «24 Stunden aus dem Leben
der Familie Filippow», Moskau, 1931.

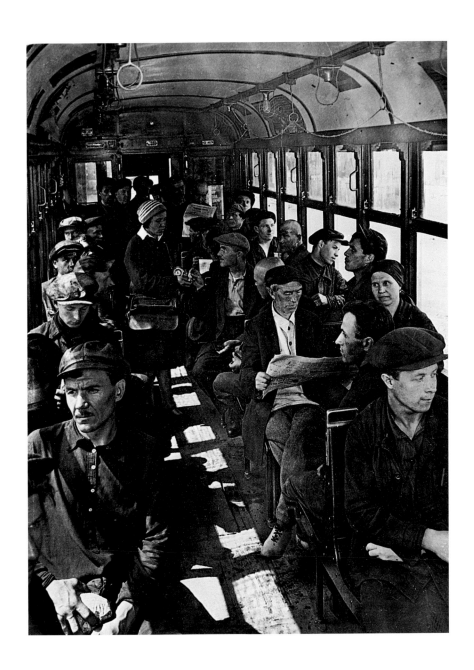

ALPERT, MAX WLADIMIROWITSCH (1899–1980)

Sein Werk, das die Entwicklung der Sowjetunion über mehr als 50 Jahre hinweg verfolgt, trug ihm den Spitznamen «Analytiker seines Landes» ein. Mit seiner Kamera hielt er so manche historische Augenblicke im Bild fest: den ersten Stich eines Spatens in den von der Sonne ausgetrockneten Boden Zentralasiens, welcher den Baubeginn des Grossen Ferganakanals markierte; die Ankunft der mutigen Pioniere in der Wildnis des Ural, wo sie die Fundamente für den ersten Hochofen vorbereiteten und die heutige Hüttenstadt Magnitogorsk aus dem Boden stampften; den Bau der Turkestan-Sibirischen Bahn, die den Süden mit dem Norden verbindet; die Rettungsaktion für General Nobiles Expedition; die Beifallsstürme, mit denen Waleri Tschkalow nach seinem Flug über den Nordpol empfangen wurde. Alpert arbeitete für die «Prawda» und für die Zeitschrift «SSSR na stroike» («Die UdSSR im Bau»). Im «Grossen Vaterländischen Krieg» (2. Weltkrieg) war er für die Nachrichtenagentur TASS Photoberichterstatter. Obwohl er bis ins hohe Alter hinein sehr aktiv war, gelten seine Bilder von der Industrialisierung der Sowjetunion in den 30er Jahren als seine besten Aufnahmen.

Max Wladimirowitsch Alpert: Bauarbeiten für die Fundamente des ersten Hochofens im Hüttenwerk Magnitogorsk, 1930.

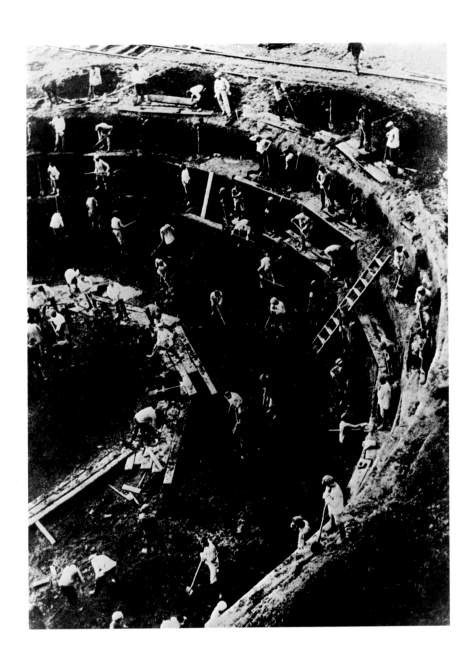

Max Wladimirowitsch Alpert: Die ersten sowjetischen Autos rollen aus den Toren des Werkes in Nischni Nowgorod (heute: Gorki), 1929.

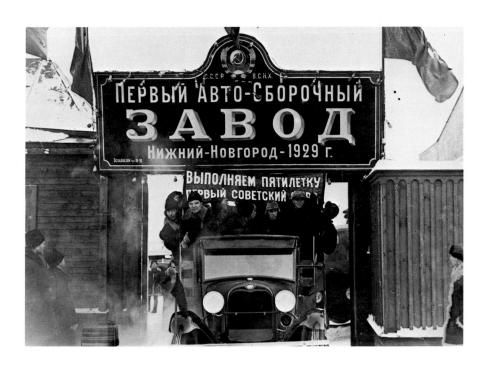

Max Wladimirowitsch Alpert: Bau des Grossen Ferganakanals, 1939.

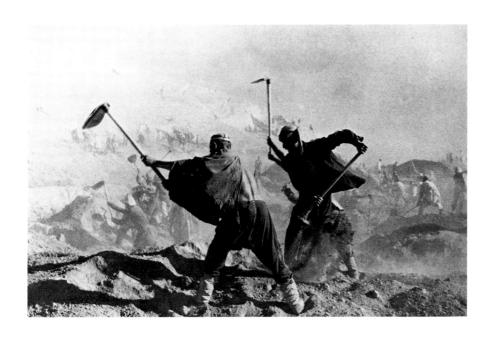

*Max Wladimirowitsch Alpert: Turksib, Arbeiten an der Eisenbahn-
linie, die Turkestan mit Sibirien verbindet, 1930.*

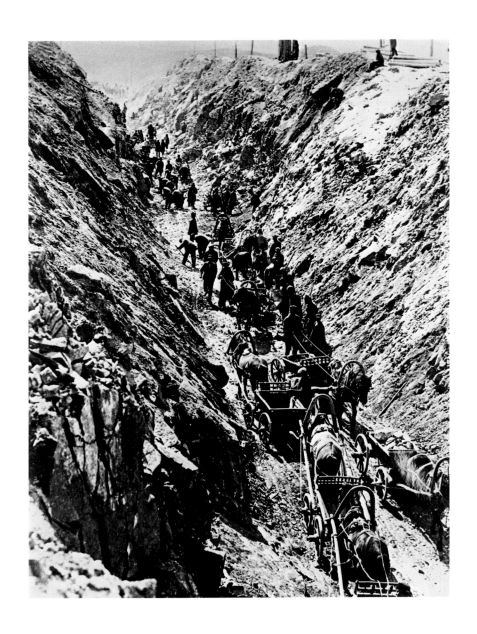

FRIDLJAND, SEMION OSSIPOWITSCH (1905–1964)

Er wurde in Kiew geboren und musste schon mit vierzehn Jahren in einer Schuhmacherei arbeiten. Ohne Zweifel wäre es dabei geblieben, hätte ihn nicht sein Vetter Michail Kolzow, Chefredakteur der ersten sowjetischen Illustrierten «Ogonjok» («Kleines Feuer»), nach Moskau geholt. Nachdem er 1925 zum ersten Mal eine Kamera in die Hand genommen hatte, arbeitete er sich bei «Ogonjok» vom Anfänger bis zum Chef der Photoabteilung hinauf. Er bevorzugte die soziale Sparte und befasste sich als einer der ersten mit der Bedeutung und Funktion zahlreicher Aufnahmen zu ein- und demselben Thema; all seine Arbeiten pflegte er sorgfältig zu überdenken und zu planen. Er war einer der wenigen Photographen, die sich schriftlich zum Thema Photographie äusserten.

Semion Ossipowitsch Fridljand: Kunsthallen des Staatlichen Kaufhauses GUM in Moskau, 1929.

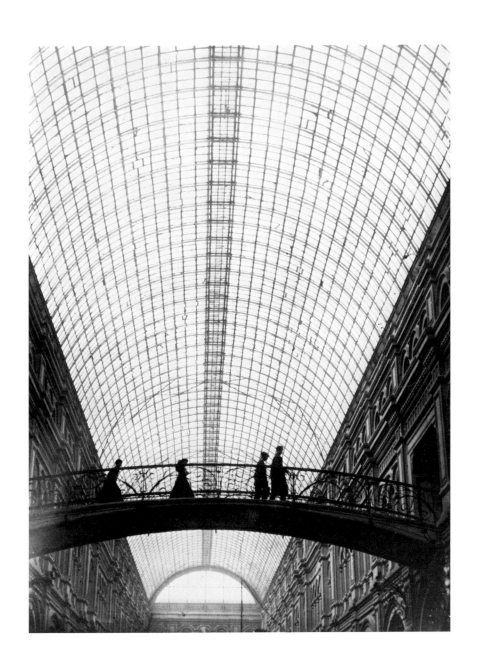

Semion Ossipowitsch Fridljand: Aufhebung des Simonow-Klosters, 1927.

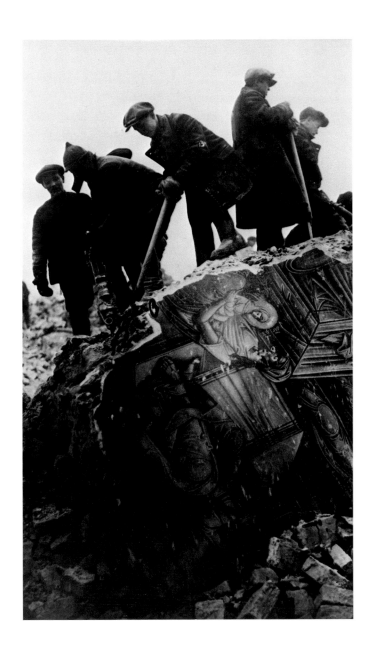

IGNATOWITSCH, BORIS WSEWOLODOWITSCH
(1899–1976)

Er war ein bekannter Journalist und begann sich erst um 1923 für die Photographie zu interessieren, nachdem sie ihn durch ihre Möglichkeiten, lebensnahe Bilder von den dramatischen Ereignissen nach der Revolution zu liefern, vollständig in ihren Bann gezogen hatte. Um diese Zeit arbeitete er in Leningrad als Redaktionsleiter für drei humoristische Zeitschriften und hatte Autoren wie Michail Bulgakow, Wladimir Majakowski, M. Sischtschenko oder Alexandr Besimenski um sich versammelt. Seine Freundschaft mit avantgardistischen Schriftstellern, Dichtern, Künstlern und Regisseuren brachte ihn mit Leuten zusammen, die auch in der Photographie zum «neuen Sehen» finden wollten und nach neuen kreativen Ausdrucksmitteln suchten. Er stiess zu Alexandr Rodtschenko, Eleazar Langman und Abram Schterenberg und wurde photographierendes Mitglied der schöpferischen Gruppe «Oktjabr». Als Rodtschenko 1929 wegen Formalismus aus dieser Gruppe ausgeschlossen wurde, übernahm er deren Führung. Doch auch an ihm machte die Kritik schliesslich nicht Halt. Seine enge Vertrautheit mit den Landschaften der Ukraine, seiner Heimat, kommt in seinen Aufnahmen über das Leben im Dorf Ramenskoje sehr deutlich und vorteilhaft zum Ausdruck. Sein Glaube an die Möglichkeiten revolutionärer Veränderungen des Lebens liess in seinen Aufnahmen das Ideal der Jahre des Aufbaus durchschimmern.

*Boris Wsewolodowitsch Ignatowitsch: An der Ermitage,
Leningrad, 1929.*

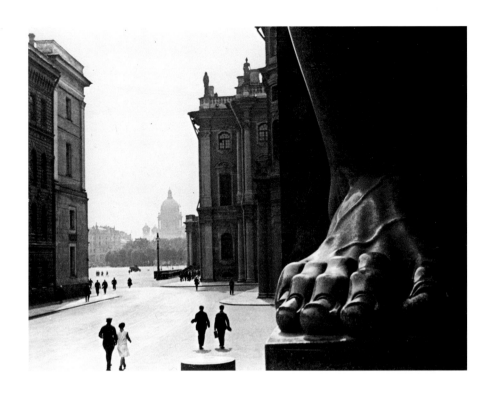

Boris Wsewolodowitsch Ignatowitsch: Mutterschaft, 1937.

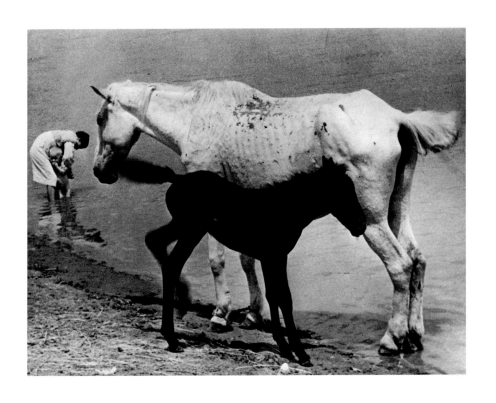

Boris Wsewolodowitsch Ignatowitsch: Teetrinken im Dorf Ramenskoje, Gebiet Moskau, 1928.

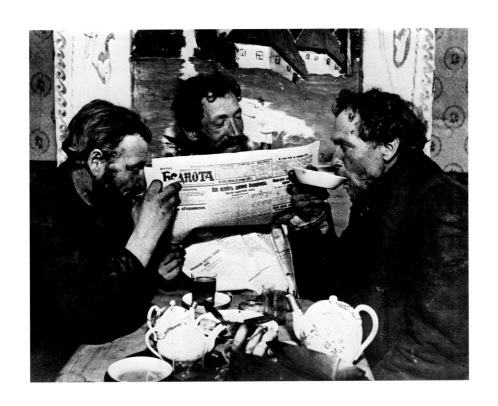

IGNATOWITSCH, JELISAWETA ALEXANDROWNA

Boris Ignatowitschs Frau gehörte ebenso zu seiner Gruppe von Photographen wie seine Schwester Olga Wsewolodowna. Entsprechend den damaligen Gepflogenheiten, die jedem Individualismus abhold waren, signierte sie ihre Werke nie mit ihrem eigenen Namen, sondern nur mit «Brigade Ignatowitsch». Unter diesem Namen fanden auch sämtliche Ausstellungen der Gruppe statt. In manchen Fällen sind sich die Aufnahmen der einzelnen Mitglieder im Stil so ähnlich, dass es schwierig ist, ein Werk eindeutig zuzuordnen. Alexandr Rodtschenko machte Jelisaweta oft den Vorwurf, sie sei in ihrer Kunst zu wenig unabhängig und von ihrem Ehemann zu sehr abhängig. Die Gruppe um Boris Ignatowitsch arbeitete für die Bildagentur «Sojusfoto».

*Jelisaweta Alexandrowna Ignatowitsch: Die Arbeiterin
Tatjana Surma, 1932.*

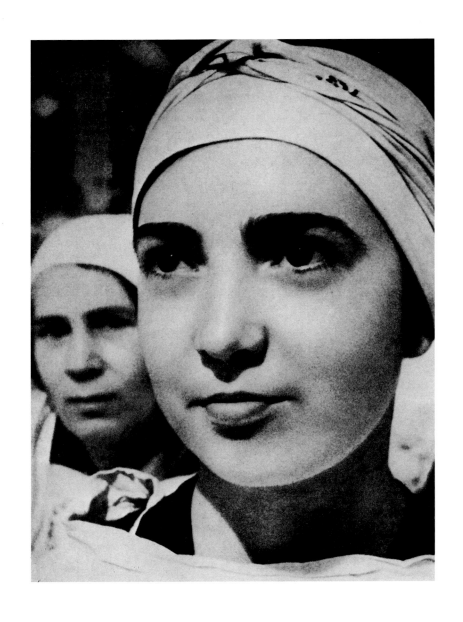

SELMA, GEORGI ANATOLJEWITSCH (1906–1984)

Usbekistan, Tadschikistan, Kasachstan, Kirgisistan, Jakutien und das riesige Sibirien – das waren die Regionen, in denen die Veränderungen nach der Oktoberrevolution noch wesentlich stärker spürbar waren als in der zentralen Sowjetrepublik. Und Selma hielt sie im Bild fest. Er wurde in Taschkent geboren, verbrachte dort seine Jugend und kehrte immer wieder dorthin zurück. Von 1924 an war er Korrespondent der Agentur «Russfoto» für Mittelasien. Dort photographierte er Frauen, die ihren Parandscha (Mantel mit Gesichtsschleier) aufschlugen, mit dem sie nach uralter Tradition Gesicht und Gestalt verhüllt hatten; Männer, die verwundert den Kopfhörer eines Transistorradios ans Ohr hielten, um einer Hunderte von Kilometern entfernten Stimme zu lauschen; Burschen, die zum ersten Mal etwas von körperlicher Ertüchtigung gehört hatten und nun mit nacktem Oberköper an einem selbst gebauten Reck Turnübungen machten. Selma kam es zugute, dass er die usbekische Sprache beherrschte und dass die Leute, die noch nie eine Kamera gesehen hatten, ihn für einen Landvermesser hielten, denn die religiösen Traditionen hätten ihnen sonst nie erlaubt, sich photographieren zu lassen. Richtig bekannt wurde Selma allerdings erst während des «Grossen Vaterländischen Krieges», als er die Schlacht um Stalingrad photographierte. Dennoch sind auch seine Aufnahmen von den Veränderungen im Leben der mittelasiatischen Sowjetunion Zeugen von ungewöhnlicher, überzeugender und dokumentarischer Aussagekraft.

Georgi Anatoljewitsch Selma: Der Schamane (Zauberpriester), in Jakutien, 1929.

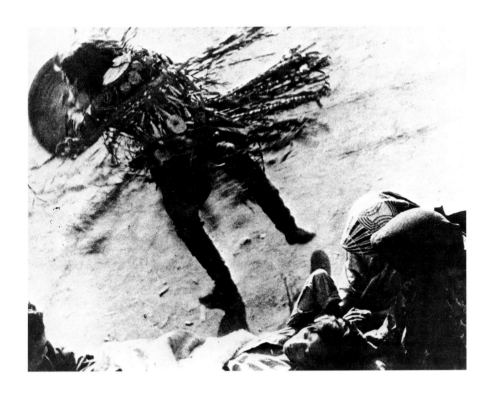

Georgi Anatoljewitsch Selma: Fliegen, Sibirien, 1932.

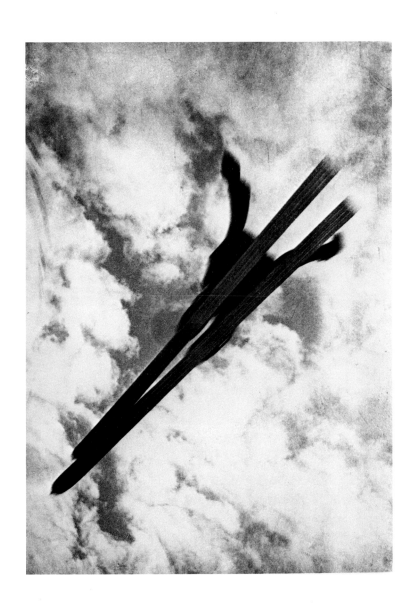

Georgi Anatoljewitsch Selma: Allegorische Parade auf dem Roten Platz in Moskau, 1931.

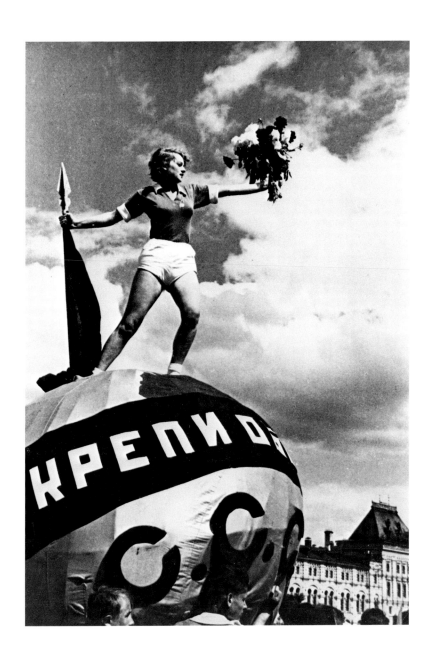

SANKOWA, GALINA (1904–1983)

Als erste weibliche Berichterstatterin bereiste sie die entlegensten Regionen der UdSSR. Sie photographierte die Suche nach Öl im Kaspischen Meer, die Schiffahrt auf den Flüssen Wolga, Kama und Dwina, sie reiste an Bord des Eisbrechers «Krassin» durch die Zone ewigen Eises zur Wrangelinsel, sie machte sich eingehend mit dem Leben der Eskimos vertraut, sie schoss Aufnahmen auf der Halbinsel Kamtschatka und entdeckte diese im eigentlichen Sinn für die Öffentlichkeit. Im «Grossen Vaterländischen Krieg» zählte sie zu den ersten weiblichen Kriegsberichterstattern. Einige ihrer Bilder aus dieser Zeit sind heute sehr berühmt. Während vielen Jahren arbeitete sie auch für die illustrierte Zeitschrift «Ogonjok».

Galina Sankowa: Halbinsel Kamtschatka, 1935.

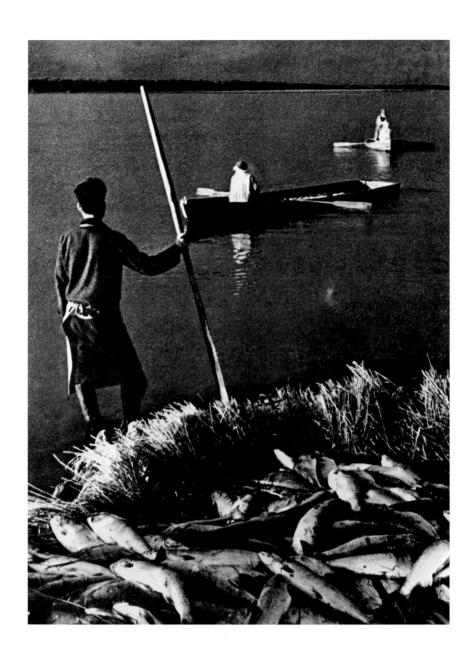

DEBABOW, DMITRI GEORGIJEWITSCH (1900–1949)

Er arbeitete mit so bekannten Filmregisseuren wie Sergei Eisenstein, Wsewolod Pudowkin und Grigori Kosinzew. Debabow war ursprünglich Dreher in einer Metallfabrik, erwarb sich seine Ausbildung dann in der Organisation «Proletkult», die dem jungen sowjetischen Staat helfen sollte, eine neue, proletarische Intelligenzija heranzuziehen. Auf Eisensteins Rat hin studierte er danach Regie und Photographie am Höheren Staatlichen Institut für Kinematographie. In den 30er und 40er Jahren begleitete er als Photograph verschiedene Polar-Expeditionen. Er fuhr auf den Eisbrechern «Krassin», «Sedow» und «Litke» mit und beteiligte sich auch an der Suche nach einem nördlichen Seeweg nach Amerika, welcher nicht durch U-Boote der Nazis gefährdet war.

Dmitri Georgijewitsch Debabow: Sergei Eisenstein, 1927.

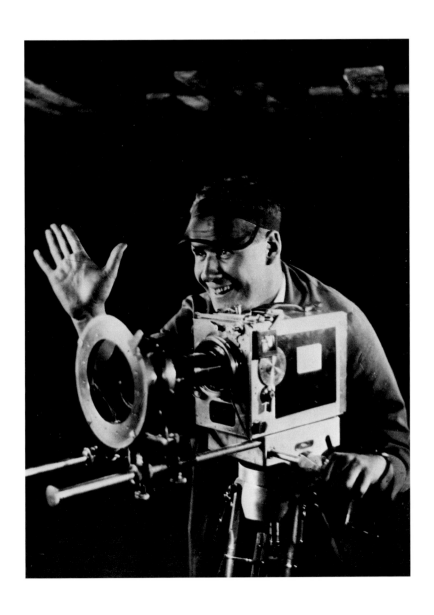

CHALIP, JAKOW NIKOLAJEWITSCH (1908–1980)

Er besuchte das Höhere Staatliche Institut für Kinematographie (WGIK) in Moskau und arbeitete danach unter dem Regisseur Wsewolod Pudowkin als Photograph und Kameramann. Seine Lehrer und Vorbilder waren Alexandr Rodtschenko und Juri Jeremin. Er arbeitete mit Rodtschenko an dessen Plakaten und machte auch eigene Aufnahmen nach Rodtschenkos Kompositionsentwürfen. Von ihm erhielt er auch das perfekte Gefühl für formale Lösungen, für extreme Aufnahmewinkel und grosse Nahaufnahmen. Seit ihrer Gründung im Jahre 1930 arbeitete Chalip als Photograph auch für die Zeitschrift «SSSR na stroike» und nahm unter anderem auch an jener Nordpol-Expedition teil, welche die unter der Leitung von Iwan Papanin stehende Forschungsstation «Nordpol 1» von einer driftenden Eisscholle rettete.

Jakow Nikolajewitsch Chalip: Baltische Flotte, 1936.

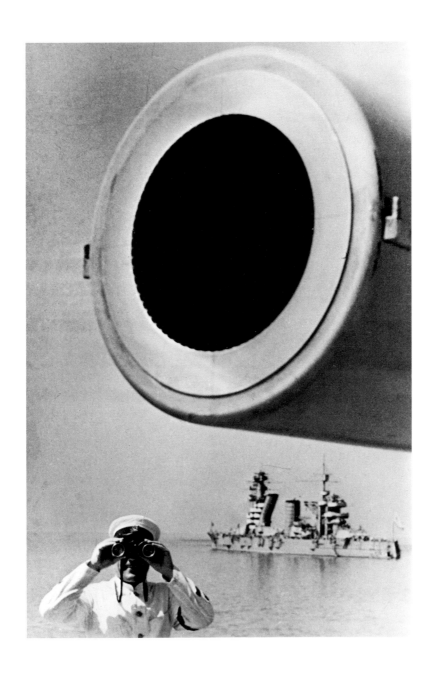

LIPSKEROW, GEORGI ABRAMOWITSCH (1896–1977)

Er stammte aus einer vorrevolutionären Moskauer Familie von Journalisten und Verlegern, war aktiver Sportler und interessierte sich deshalb viele Jahre lang besonders für Sportreportagen. In den 30er Jahren, als viele Journalisten die entlegensten Regionen der UdSSR bereisten, zog es auch Lipskerow ins Pamir-Gebirge und zur Halbinsel Kamtschatka. Er versuchte sich in Landschaftsphotographie und in sozialen Sparten, widmete sich aber doch hautpsächlich der aktuellen Bildreportage. Bis zum Ausbruch des «Grossen Vaterländischen Krieges» arbeitete er für die Nachrichtenagentur TASS, während des Krieges selbst für eine Armeezeitung. Er war der älteste Kriegskorrespondent, der die ganze Zeit über in Wort und Bild von der Front berichtete.

Georgi Abramowitsch Lipskerow: Regatta, 1938.

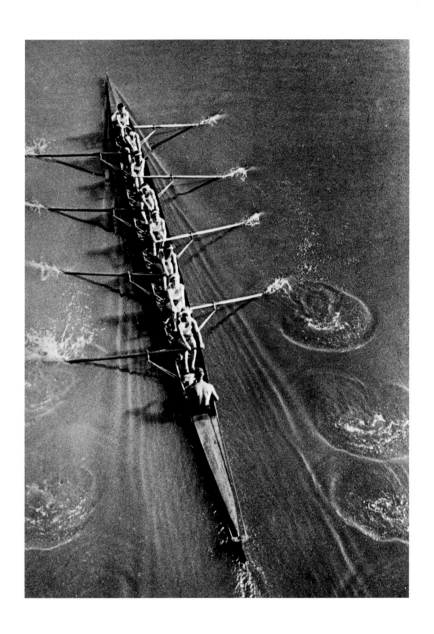